MÉMOIRE

RELATIF

A L'ABOLITION DE LA TRAITE AFRICAINE

ADRESSÉ

AUX PUISSANCES MARITIMES DE L'EUROPE ET DE L'AMÉRIQUE,

AU NOM

DE LA SOCIÉTÉ AMÉRICAINE DE COLONISATION,

PAR C.-F. MERCER, L. L. D.,

Ancien Membre du Congrès des États-Unis,
Vice-Président de la Société Américaine de colonisation, etc., etc., etc.,
envoyé en Europe par ladite Société pour obtenir des divers Gouvernements qu'ils assimilent, dans le Droit des gens,
la Traite des Nègres à la Piraterie.

TRADUIT DE L'ANGLAIS, PAR HIPPOLYTE VATTEMARE.

PARIS,

IMPRIMERIE ET LIBRAIRIE ADMINISTRATIVES DE PAUL DUPONT,

Rue de Grenelle-Saint-Honoré, 45.

DÉCEMBRE 1855

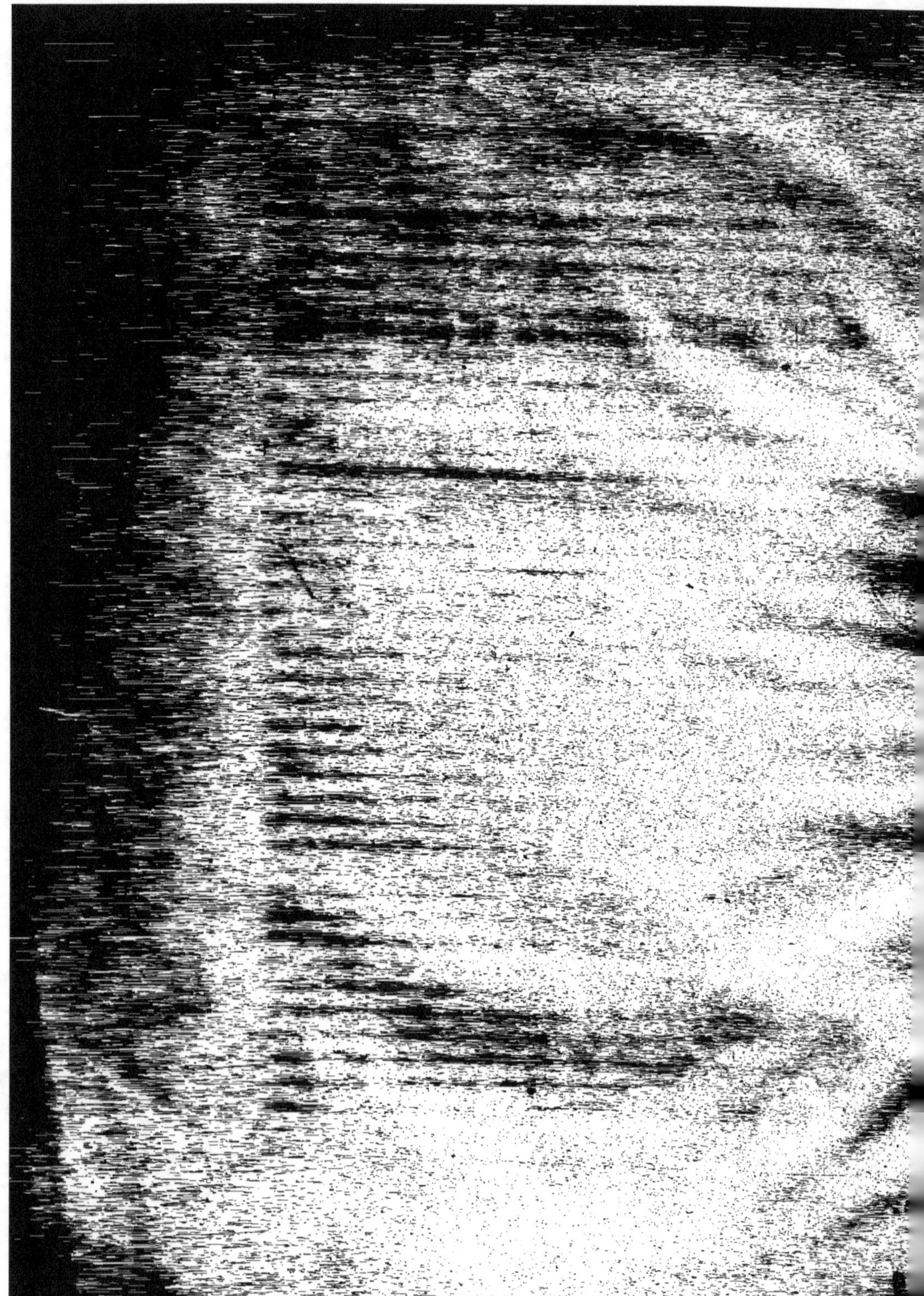

MÉMOIRE

Joint à une lettre adressée à S. M. l'Empereur

AU NOM

DE LA SOCIÉTÉ AMÉRICAINE DE COLONISATION,

ET RÉDIGÉ

Par un Membre de la Société délégué auprès de toutes les puissances maritimes de l'Europe et de l'Amérique, pour obtenir d'elles qu'elles prennent conjointement les mesures nécessaires pour détruire la Traite comme contraire au droit des gens.

Il est nécessaire, avant tout, de dire quelques mots de la Société de colonisation. Fondée en 1817, à Washington, capitale des États-Unis, dans le but d'établir comme colons en Afrique les gens de couleur des États-Unis qui consentiraient à jouir de ce bienfait, elle comprenait, même avant sa fondation, et elle compte depuis, parmi ses membres, la plupart des hommes d'État les plus éminents et des citoyens les plus distingués de l'Union. Elle a reçu l'approbation d'un grand nombre d'États, approbation exprimée par les votes de leurs législations ; elle a été encouragée par les pieux souhaits de toutes les sociétés religieuses et de la généralité des habitants d'un pays qui s'étend entre les 24e et 45e degrés de latitude septentrionale et borné par deux océans , l'Atlantique et le Pacifique.

En conformité d'un acte du Congrès des États-Unis du 3 mars 1819, elle a reçu du trésor national des secours pécuniaires s'élevant à plus d'un million et demi de francs, et les dons faits par les membres et les législatures particulières dépassent trois millions.

Ainsi soutenue par des contributions directes à son fonds social, contributions auxquelles il faut ajouter celles de quelques étrangers de distinction ; aidée par le Gouvernement dont les votes de fonds avaient pour objet l'abolition de la traite , et par une marine complétement dévouée à ses intérêts , la Société a réussi à implanter sur la côte d'Afrique une colonie florissante qui, depuis quelques années, s'est transformée en république indépendante.

Cette colonie reçut de la Société le nom de Liberia ; elle possède actuellement, par voie d'acquisition, 400 milles sur la côte occidentale d'Afrique, et sa population, qui s'accroît de jour en jour, dépasse aujourd'hui 250,000 âmes ; elle se compose, pour la plus grande partie, d'indigènes qui sont venus chercher, sous l'égide d'un gouvernement chrétien, une protection contre le trafic cruel qui, depuis des siècles, dépeuple leur pays en l'arrosant de sang.

La Société américaine a vu avec bonheur l'Empereur Napoléon III reconnaître l'indépendance de Libéria et lui fournir généreusement des armes pour sa défense. La Grande-Bretagne et d'autres puissances ont agi de même. Mais la Société américaine, loin de retirer sa main de dessus cette jeune nation qui lui doit son existence, a redoublé d'efforts pour la soutenir et suit avec intérêt tous ses progrès.

Du côté des limites intérieures, et malgré des attaques deux fois réitérées, la République n'a rien à redouter des tribus africaines désunies et affaiblies par des guerres intestines. Mais déjà Libéria a fait reculer la traite de 600 milles sur la côte d'Afrique ; et comme son territoire s'étendra, comme cela est grandement à désirer, du bord de la mer jusque dans l'intérieur, principalement vers le nord et le sud-est, il s'approchera du royaume des Ashantees et d'autres nations puissantes, les pépinières d'esclaves de l'Afrique centrale, et les Libériens auront à se défendre contre une vindicative hostilité, à moins que l'on ne prenne des mesures effectives pour remplacer, dans l'intérieur, par un commerce loyal avec ces nations barbares, le honteux trafic qu'on entretient actuellement avec elles au mépris de l'opposition de toutes les nations chrétiennes.

Les deux buts avoués par la Société américaine de colonisation, dès le principe, sont l'abolition de la traite et la civilisation de l'Afrique. Les premiers rapports annuels contiennent à cet effet des appels répétés à l'humanité du monde.

Un demi-siècle s'est presque écoulé depuis que le Gouvernement des États-Unis, grâce à un article spécial de la Constitution fédérale et dans les délais prescrits par cet article, a légalement proscrit la traite, édicté des peines sévères contre ceux de ses concitoyens qui s'y livreraient et condamné les vaisseaux engagés dans ce honteux trafic à la flétrissure et à la confiscation.

En agissant ainsi, le Gouvernement fédéral ne fit que suivre l'exemple donné par la Virginie et d'autres États de l'Union, avant comme après la révolution qui les sépara de la mère patrie. Cette dernière avait constamment refusé son assentiment aux lois rendues par les États pour prohiber la traite.

Mais il était si facile, surtout pendant la paix, d'éluder toutes les lois édictées contre la traite, que jamais, avant l'acte de mars 1819, le Gouvernement national ne put l'arrêter par la seule menace de la punition. Cet acte même, qui offrait une prime pour tout nègre arraché à la traite et débarqué aux États-Unis, perdit, au bout de peu de temps, toute son efficacité. Car, tandis que le pavillon américain paraissait rarement sur la côte d'Afrique, sauf lorsqu'il pouvait servir sans danger à couvrir les entreprises criminelles des autres nations, le même pays et les mêmes vaisseaux continuèrent, à ce que l'on croit, le commerce interdit, sous le pavillon d'autres nations, pour transporter leurs cargaisons de victimes dans d'autres marchés que ceux des États-Unis où ils avaient été primitivement saisis sur le fait de contrebande.

L'acte de 1819 eut toutefois cet heureux résultat que non-seulement il arrêta la vente des Africains repris par les croiseurs, mais encore qu'il veilla à ce qu'ils fussent protégés et nourris pendant leur séjour aux États-Unis, et plus tard ramenés dans leur pays natal. En commettant également des agents officiels pour recevoir ces nègres à leur retour en Afrique, lesquels agents avaient besoin de protection pour eux-mêmes et pour les malheureux confiés à leurs soins, cet acte a réellement fondé la colonie sur laquelle le présent Mémoire appelle l'intérêt du monde entier, en même temps qu'il indique les moyens d'abolir un commerce qui, tant qu'il durera, rendra impossible la colonisation du continent africain. Une cupidité, en activité continuelle, et s'exerçant actuellement avec plus d'ardeur que jamais, par suite de demandes sans cesse renaissantes de travailleurs, dans presque toutes les parties du globe connues, multiplie de jour en jour les misérables victimes de la traite, grâce aux nouveaux canaux par lesquels ils s'écoulent plus rapidement qu'ils ne se renouvellent par l'obstruction des anciens. Ces difficultés mises à la traite sont esquivées d'une manière ou d'autre ; ce qui prouve que les auteurs de ce crime sont bien plus adroits que ceux qui le combattent.

La Grande-Bretagne et les États-Unis d'Amérique ont soumis à la considération des autres nations deux systèmes ayant pour objet l'abolition de la traite.

L'Angleterre proposait d'accorder le droit mutuel de visiter, en temps de paix comme en temps de guerre, tous les vaisseaux soupçonnés de se livrer à la traite, et d'établir, chez les diverses nations accédant au traité, des tribunaux qui flétriraient les vaisseaux engagés dans le commerce défendu et en ordonneraient la vente.

Les États-Unis, après avoir stigmatisé comme piraterie la traite des nègres, proposaient d'obtenir de toutes les autres nations une déclaration semblable. Ainsi, la traite considérée, d'après le droit des gens, comme piraterie, exposerait aux châtiments qui punissent ce crime, non-seulement les vaisseaux, mais encore les marins mêmes qui s'en rendent coupables.

Les auteurs du premier système admirent comme principe que ce système serait soumis à la sanction de toutes les puissances maritimes, afin que le pavillon de celle d'entre elles qui refuserait d'y accéder ne pût servir à couvrir le crime des négriers. Par suite de l'assentiment universel qu'il nécessitait, ce système avait des rapports intimes avec celui que lui opposaient les États-Unis.

Ce dernier système proposé, en 1820, comme résolution, à la Chambre des représentants, par la fraction populaire de l'Assemblée nationale, obtint, dès le principe, une faveur si générale, que la motion ayant pour but de passer à l'ordre du jour, fut repoussée par une majorité de 78 membres contre 25 ; le jour même, la résolution passa sans autre opposition.

Le but de cette résolution fut plus clairement défini par un autre vote de la même Chambre, passé en 1830, avec l'adhésion de 131 membres sur 140 présents au moment du scrutin, et renouvelé sans opposition , en 1831. Voici les termes de cette dernière résolution : ils sont identiquement les mêmes que ceux de la résolution de 1823 :

« Le président des États-Unis est invité à ouvrir, avec les puissances maritimes de l'Europe et de l'Amérique, et à renouveler *de temps en temps*, les négociations qui lui semblent les plus convenables pour arriver à l'abolition radicale de la traite africaine , et à la déclaration comme fait de piraterie de ladite traite , sous l'égide du droit des gens, avec le consentement du monde civilisé. »

Dès 1817, la proposition de la Grande-Bretagne fut mise partiellement en œuvre avec l'Espagne , le Portugal et les Pays-Bas, au moyen de trois traités différents, conçus en termes à peu près semblables, sauf pour l'Espagne et le Portugal , qui avaient stipulé le droit d'exercer, pendant quelques années encore , la traite au sud de l'Équateur. Cette réserve cessa au bout de trois ans, pour la première de ces deux puissances, et au bout de huit ans, pour la seconde. La Grande-Bretagne essaya en même temps de conclure des traités semblables avec la France , la Russie, l'Autriche et la Prusse.

Lord Castlereagh eut, en 1817, des conférences à ce sujet avec les représentants des susdites nations. Les conférences furent reprises par lord Castlereagh et le duc de Wellington, à Aix-la-Chapelle, vers la fin de la même année ; la présence de divers souverains donna à ces conférences une importance plus grande.

Les protocoles de ces conférences, inconnus en Amérique jusqu'en mai 1820, furent transmis par lord Castlereagh à lord Bathurst, alors ministre des affaires étrangères, et soumis, en 1819, par le Prince régent, à la Chambre des communes qui en ordonna la publication.

On insiste sur ces faits parce qu'ils ont , comme on le verra , une grande portée sur l'objet de ce Mémoire.

L'auteur dudit Mémoire appelle surtout l'attention du lecteur sur les extraits ci-joints des protocoles dont nous avons parlé et sur les remarques faites dans les conférences anglaises ; ils forment un contraste frappant avec le langage que tint , en 1841, lord Palmerston dans ses correspondances avec le ministre américain à Londres, relativement au droit de visite. Ces extraits sont copiés littéralement sur des documents officiels, beaucoup trop volumineux pour être donnés *in extenso*. Ils dévoilent la complète inefficacité du système anglais pour l'abolition de la traite, à moins , comme l'ont admis les représentants eux-mêmes de la Grande-Bretagne, que ce système ne soit renforcé par un droit de visite mutuel dans les hautes mers, en temps de paix. Ils font connaître en même temps au monde, grâce à une acrimonieuse correspondance, une édition toute nouvelle du droit des gens.

Il en résulte que lord Palmerston et, après lui, le comte d'Aberdeen, réclament le droit même que les négociations entamées par lord Castlereagh et le duc de Wellington n'avaient pas pu obtenir. Et cette réclamation est élevée contrairement à l'opinion de la Haute-Cour de l'Amirauté anglaise, opinion émise par le jurisconsulte le plus éminent qui ait jamais fait partie de ce tribunal ; en dépit de l'acquiescement donné par les membres anglais des conférences à la protestation faite par la France contre le droit de visite concédé par quelque traité que ce fût ; en dépit enfin des refus réitérés des Etats-Unis de laisser appliquer à leur pavillon cette doctrine nouvelle.

Cette prétention est d'autant moins admissible, que la Grande-Bretagne avait déchiré, après l'avoir ratifié, un traité négocié entre elle et les Etats-Unis, en 1824, et concédant un droit de visite mutuel, sous le prétexte que le Sénat, usant du droit que lui donne la Constitution, avait invité le Président à ne consentir la ratification *qu'à la condition* que la côte d'Amérique serait mise en dehors de la sphère d'action définie par ledit traité.

A cette époque, les Etats-Unis ne possédaient pas moins de 2,000 milles de côtes, y compris le circuit des baies et golfes navigables ; le long desquelles côtes plus de vingt-cinq mille voyages étaient accomplis par des navires américains et étrangers, engagés dans un commerce aussi loyal que celui qui s'exerce dans la Manche.

Le traité repoussé avait toutefois laissé, dans la sphère de ses opérations, toute l'Afrique et les Indes occidentales. Mais cela ne satisfaisait pas le Gouvernement anglais de 1824. La correspondance dont nous donnons des extraits n'est pas close ; elle n'est que suspendue, ainsi qu'on pourra le voir en parcourant ces extraits.

Mais comme la France, en 1818, donna au droit de visite la même signification que lui donnèrent les Etats-Unis, en 1841, il n'est pas probable, malgré le langage de lord Palmerston, alors qu'il était ministre des affaires étrangères, et celui de son prédécesseur immédiat dans la haute position qu'il occupe actuellement, que la Grande-Bretagne réusira à imposer son nouveau Code, malgré son puissant allié et malgré une nation qui la dépasse actuellement par sa population et par le nombre et le tonnage de ses navires marchands, dont le commerce avec l'Angleterre comprend plus du tiers de la totalité de ses exportations, et qui lui fournit, en retour, des matériaux pour alimenter la plus grande partie de ses manufactures, bases de son commerce intérieur et extérieur.

Quoi qu'il en soit, les documents annexés à ce Mémoire ne font que rendre justice au louable zèle avec lequel la Grande-Bretagne cherche depuis si longtemps à abolir la traite ; ils prouvent que son nouveau Code du droit des gens est d'une indispensabilité absolue pour l'exécution de son système.

D'un autre côté, ne devrait-elle pas consentir à abandonner son système pour en adopter un autre plus efficace, quand elle voit, grâce à des faits irrécusables, combien peu de succés il a obtenu, quoiqu'elle ait appelé à son aide sa prétention dénuée de fondement au droit de visiter, en temps de paix, les navires des autres nations? Si ce droit était compris dans le Code du droit des gens, les traités conclus pour rendre mutuelle cette tolérance seraient complétement inutiles; ils seraient même plus qu'inutiles, puisqu'en réalité, ils consacrent à la fois et limitent ce droit.

Les traités de l'Angleterre avec l'Espagne, le Portugal et les Pays-Bas, sont en activité depuis 1817, près de 40 ans, et pendant la majeure partie de cette période, sans limite, quant à la sphère d'opération. Ils imposent aux parties contractantes des obligations mutuelles égales, spécifient la réciprocité du droit de visite en temps de paix aussi bien qu'en temps de guerre, et consacrent l'établissement de tribunaux mixtes pour flétrir et condamner les navires négriers des quatre puissances. Pendant cette période, qui comprend plus d'un tiers de siècle, suivant le calcul le plus modéré, deux millions d'esclaves au moins ont été exportés d'Afrique, surtout dans les possessions espagnoles et portugaises, y compris ceux transporté au Brésil, depuis que ce pays a conquis son indépendance.

Dans ce nombre, les croiseurs anglais en ont, suivant les statistiques, intercepté et libéré environ 15,000, à Sierra-Leone. Quant au Portugal, à l'Espagne et aux Pays-Bas, quoique soumis aux mêmes obligations, puisqu'ils possédaient des colonies en Afrique et dans les Indes occidentales (le Portugal même était, pendant un certain nombre d'années de cette période, maître du Brésil), et quoiqu'ils comptassent parmi les puissances maritimes de l'Europe, ils n'en ont pas affranchi un, ou du moins les libérations qu'ils ont effectuées sont passées inaperçues. Des 109 ou 110 navires négriers capturés par les croiseurs de la Grande-Bretagne et condamnés par les tribunaux mixtes, un très-petit nombre, pas un peut-être, fut traduit devant d'autres cours que celles de la colonie anglaise de Sierra-Leone, et aucun, à ce que l'on croit, n'a été arrêté, sur l'Océan et dans un port, par l'Espagne, le Portugal et les Pays-Bas. Ce n'est pas tout; après avoir, sans motif plausible, anéanti le traité négocié à Londres avec les Etats-Unis, en 1824, la Grande-Bretagne chercha à réparer sa faute par le traité de Washington, conclu en 1842. Par ce traité, suite de la convention faite à Gand, en 1814, les parties contractantes s'engageaient à maintenir, en tout temps, sur la côte d'Afrique, des forces d'au moins 80 canons, pour la suppression de la traite. L'armement des Etats-Unis comprend de quatre à six vaisseaux qui, d'après leurs instructions, ne doivent pas visiter d'autres navires que ceux naviguant sous pavillon américain. Sans doute le Gouvernement anglais a fidèlement rempli les obligations qui lui incombaient, mais l'auteur de ce Mémoire ne connaît ni le nombre de ses vaisseaux ni les instructions qu'ils ont reçues.

Il est cependant permis de supposer que, depuis la ratification du traité de 1842, aucun bâtiment portant pavillon américain n'a été visité ni détenu par un croiseur anglais sur la côte d'Afrique, quoique la Grande-Bretagne soutienne qu'elle a le droit d'agir ainsi et déclare, en même temps, qu'elle ne renoncera jamais à ce droit.

L'auteur n'est pas en mesure de déterminer l'effet précis des opérations accomplies par l'escadre anglaise, sous l'empire du traité de Washington. Il serait même impossible de définir la part, quelle qu'elle soit, qu'elle a prise à ces opérations. Quant aux Etats-Unis, on sait que, dans l'espace de 13 ans, depuis la ratification du traité, une seule cargaison d'esclaves, celle du vaisseau « *Pons* » , a été débarquée à Libéria, où l'escadre américaine doit naturellement conduire tous les esclaves affranchis par ses soins.

On trouve, dans la correspondance de lord Palmerston, des preuves des plaintes réitérées sur l'inefficacité de la présence des escadres sur la côte d'Afrique. Et cependant aucune proposition nouvelle tendant à l'abolition de la traite n'a été faite, aucune mesure ayant pour but de faire considérer la traite comme piraterie n'a été prise, soit par le Gouvernement de la Grande-Bretagne, soit par celui des Etats-Unis.

Le résultat le plus clair du système anglais pour l'abolition de la traite et du traité récent considéré par le Gouvernement des États-unis comme substitué au droit de visite, c'est que les pavillons de ces deux nations ont complétement disparu de la côte d'Afrique. Mais il ne faut pas arguer de là que le commerce défendu ait disparu avec les pavillons qui autrefois garantissaient contre toute surprise les bâtiments qui s'y livraient.

Des exemples nombreux prouvent que les bâtiments qui continuent ce honteux trafic ont cherché une protection plus assurée sous les pavillons des États qui ne gardent pas la côte d'Afrique, ou de ceux qui n'ont pas échangé avec la Grande-Bretagne le droit de se visiter réciproquement.

Ce fait est trop palpable, trop connu et confirmé par trop d'observations, pour être nié ou seulement mis en doute.

On a vu récemment, dans une seule barraque, sur la côte d'Afrique, près de Madagascar, huit cents esclaves prêts à être transportés au Brésil, à Cuba ou à Porto-Rico. Le propriétaire de ces esclaves offraient 800,000 francs à qui voudrait entreprendre de les conduire à l'un ou à l'autre de ces marchés si éloignés.

Un monsieur et une dame, actuellement à Paris, dans un voyage qu'ils faisaient en Afrique, il y a deux ou trois ans, virent, au bord de la deuxième cataracte du Nil, trois cents filles qu'on avait enlevées dans l'intérieur du continent et qu'on dirigeait, après une écrasante marche de soixante-cinq jours à travers les sables brûlants du désert, vers les marchés égyptiens du Caire et d'Alexandrie.

Un juge de la cour fédérale des États-Unis, cour tenue à New-York, le centre commercial des États-Unis, dit en pleine séance que « il y avait tout lieu de supposer que, dans la ville même de New-York, des armateurs et des capitaines cherchaient à raviver un commerce que le Congrès avait, plus de trente ans auparavant, stigmatisé comme piraterie. »

Certes, l'aventurier sans principes dont il a été parlé plus haut pouvait bien offrir

800,000 francs pour le transport du contenu de sa baraque aux marchés d'esclaves de l'Amérique du Sud ou des Indes occidentales, puisque la vente de sa *marchandise* devait lui rapporter un bénéfice de plus de 2,000,000.

Tant qu'on laissera subsister ce détestable trafic, les profits sans cesse croissants qu'en retireront les négriers engagera ces derniers à exciter, pour alimenter leurs marchés, les guerres intestines que se font les peuplades sauvages de l'Afrique qui deviendront de plus en plus barbares, au lieu de s'adoucir par la colonisation.

La traite ne peut être complétement abolie par aucun autre système (si quelque chose d'aussi simple en soi peut être appelé un système) que celui proposé, il y a trente ans, par les États-Unis, et qu'ils proposent encore aujourd'hui au monde civilisé.

Ce système se recommande surtout à l'adoption universelle, parce qu'il mettra fin à une correspondance irritante, ayant trait à un sujet sur lequel une communauté d'opinion est impossible et dont la continuité serait susceptible de troubler les relations amicales de deux États dont les intérêts mutuels sont cimentés par quarante années de paix continue.

Un simple coup d'œil jeté sur l'état du globe prouvera que l'époque actuelle est la plus favorable qui se soit jamais présentée depuis 1820 pour la mise en activité du plan proposé par les États-Unis pour l'abolition de la traite.

Toute la côte d'Afrique baignée par la Méditerranée se trouve sous la domination de la France, de la Turquie et des princes mahométans, tributaires de la Porte-Ottomane. Le sultan vient d'interdire à ses sujets l'antique commerce des esclaves circassiennes, au moyen duquel ils comblaient les vides de leurs harems. Ce souverain ne refuserait pas à l'intercession combinée de la France et de l'Angleterre, alliées pour défendre ses États contre les attaques d'un puissant voisin, une prohibition semblable relativement aux esclaves tirés d'Afrique.

La même influence pourrait s'étendre, avec un succès semblable, le long de la mer Rouge, depuis le détroit de Bab-el-Mandeb jusqu'à l'isthme de Suez.

On pourrait abandonner à la Grande-Bretagne le devoir de poursuivre les navires négriers dans les canaux récemments ouverts par la traite et qui s'étendent de l'entrée de la mer Rouge à ses possessions d'Afrique dans la mer des Indes.

Mais si la traite était considérée universellement comme piraterie, et si elle était inscrite avec cette qualification dans le droit des gens, les escadres, actuellement employées avec tant d'inefficacité par la France, la Grande-Bretagne et les États-Unis, une fois armées du droit de visite absolu, suffiraient parfaitement à détruire la traite sur toute la côte orientale du continent africain.

Un pirate est *hostis humani generis.* Il est en guerre avec tout le monde et tout le monde est en guerre avec lui. Contre lui, le droit de visite est, en tout temps, un droit belligérant. Le terme même par lequel les États-Unis proposent, d'une seule voix, à l'Europe de qualifier la traite, dénonce son origine grecque et son antique application à la même catégorie de criminels. La couleur des victimes de cette guerre illicite contre l'humanité et la structure intérieure des prisons flottantes où on les renferme suffiront pour prouver le crime, pour traduire le coupable devant quelque cour criminelle que ce soit et pour lui faire infliger un châtiment proportionné au degré de criminalité. Quand il sera universellement connu que le droit des gens considère la traite à l'égal de la piraterie, et qu'aucun pavillon ne pourra garantir de la saisie le navire coupable, comme cela a lieu pour les autres pirates, non-seulement la traite cessera d'être, mais encore on n'en entendra bientôt plus parler et on finirait par l'oublier complétement sans les irremédiables conséquences qui en découlent, conséquences dont tout récemment des esprits irréfléchis ont fait un reproche à une nation qui, moins que toute autre, devait être jugée avec si peu de libéralité.

Le droit des gens, comme les autres lois, est susceptible d'amendement. Il est vrai que, pour en altérer la lettre, il faudrait l'assentiment exprès de toutes les nations ; mais cet assentiment, on l'obtiendrait difficilement : l'expérience l'a prouvé. Un auteur des temps relativement modernes, dans son traité si souvent cité de *Jure belli et pacis*, infère du droit de tuer les ennemis dans le combat celui de réduire les prisonniers en esclavage ; il ne fait pas attention que ce fait même de faire les ennemis prisonniers prouve qu'il n'y avait aucune nécessité de les tuer. Aucune nation ne réclame actuellement le droit de vendre ses prisonniers de guerre, usage barbare qui est tombé avec l'assentiment universel des peuples.

La traite africaine devrait tomber de même. Parmi les bienfaits résultant de l'abolition de la traite, il faut ranger la cessation d'importations d'Afrique ; ce fait, en effet, qui passerait pour un malheur là où l'esclavage est toléré, ne pourrait que conduire à l'amélioration de la condition de ce continent.

L'auteur doit dire qu'il a la conviction que si, actuellement, la Grande-Bretagne offrait aux Etats-Unis le traité proposé par les Etats-Unis à la Grande-Bretagne, en 1825, ce traité serait rejeté à la fois par le Président et par le Sénat.

D'un autre côté, l'acceptation de la proposition soumise, en 1823, aux puissances maritimes d'Europe et d'Amérique, et renouvelée aujourd'hui par la Société américaine de colonisation, serait accueillie avec joie par toute la chrétienté. Quant à l'Afrique, de ce moment daterait l'ère de sa régénération.

Le commerce légitime a déjà fondé à Sierra Leone, sous la protection de la Grande-Bretagne, une cité prospère renfermant 16,000 habitants. 250,000 indigènes sont venus chercher un abri sous l'égide pacifique de la République plus florissante encore de Libéria. Une nouvelle cité commerçante et des temples chrétiens couronnent le faîte du cap Montserado, d'où ont été chassés le culte des idoles et les orgies nocturnes. Le long d'une côte de 600 milles d'étendue, les productions des forêts et des campagnes de l'Afrique, ont commencé à alimenter un commerce qui pourra, dans la suite, lutter avec celui de l'Asie et de l'Amérique. Des esclaves affranchis, anciennes victimes de la guerre, de la cruauté et de l'injustice, peuvent, dès à présent, tourner à la gloire du Créateur les crimes de l'homme et les erreurs des siècles écoulés.

Les innombrables gens de couleur de l'Amérique seraient tout prêts à voler à Libéria pour y implanter les germes de la civilisation, s'ils pouvaient regagner sûrement le pays de leurs ancêtres et réclamer la place qui leur appartient parmi les nations de la terre.

Le présent Mémoire n'a d'autre objet que de donner à ces malheureux la sécurité qui leur est nécessaire et de propager l'influence de la République déjà fondée par la Société américaine de colonisation.

L'appendice ci-joint justifiera les idées de la Société relativement à l'inefficacité de tout système autre que celui des Etats-Unis pour abolir la traite des esclaves, en l'assimilant à la piraterie dans le Code du droit des gens.

C.-F. MERCER.

APPENDICE.

Résolutions prises par la Société américaine de colonisation, dans deux séances différentes tenues en 1835 et 1855.

« La Traite des esclaves africains existant encore, à la grande affliction de la chrétienté et malgré tous les efforts faits pour l'abolir, et étant conduite avec des bénéfices croissants et une cruauté plus grande, grâce aux ressources d'un continent, à la honte d'un autre continent, et, jusqu'à un certain point, au dépeuplement imminent d'un troisième ; comme il est évident que ce trafic immoral, prohibé depuis longtemps par toutes les nations chrétiennes, subsistera tant qu'il pourra se cacher sous un pavillon, qu'il trouvera des marchés pour ses victimes, et que la côte d'Afrique restera ouverte à ses incursions ;

« Comme l'abolition absolue de ce principe est indispensable à la sécurité de tous les travailleurs africains qui se trouvent à la portée de ses attaques ; comme cette abolition, en tant qu'elle permettra la colonisation américaine, a été prise pour un des buts de la Société formée en Amérique pour coloniser en Afrique, et avec leur propre consentement, les gens de couleur libres des Etats-Unis ; et qu'en tout temps, depuis son organisation, la Société, par l'intermédiaire de ses membres et de ses adhérents, a sans cesse prêché cette abolition au Congrès, à Washington, et dans les Assemblées législatives de divers Etats de l'Union ;

« L'assemblée prend la résolution suivante :

« Il est formé un comité chargé de présenter des Mémoires à chacune des puissances maritimes de l'Europe et de l'Amérique, afin d'obtenir d'elles que la Traite soit désignée comme piraterie dans le droit des gens. »

Le général Mercer, le général Jones et le Rév. docteur Laurie furent nommés membres dudit Comité.

Dans la dernière séance annuelle de la Société américaine de colonisation, séance tenue à Washington le 20 janvier 1855, la résolution suivante fut prise par le Conseil d'administration :

« Le Conseil d'administration ayant appris que l'honorable C.-F. Mercer, l'un des amis les plus anciens, les plus constants et les plus éminents de la Société et l'un de ses vice-présidents, visite actuellement, à ses frais et sous l'impulsion des sentiments les plus nobles et les plus humains, les Etats de l'Europe, dans le but d'inviter leurs Gouvernements à s'unir pour assimiler, dans le droit des gens, la traite à la piraterie, décide que le Conseil exprimera à l'honorable C.-F. Mercer sa haute appréciation des immenses services qu'il a rendus et qu'il rend toujours à la cause de la Société, qui est à la fois celle de son pays et de l'humanité tout entière, ainsi que son vif désir pour que ses efforts si nobles soient couronnés de succès. »

(Extrait des comptes rendus annuellement publiés.)

EXTRAITS DES PROTOCOLES DES CONFÉRENCES

Ouvertes à Londres, en 1817, et renouées à Aix-la-Chapelle, en 1818, entre les représentants de la Grande-Bretagne, de la France, de la Russie, de l'Autriche et de la Prusse, pour délibérer sur la proposition de l'Angleterre relative à l'abolition de la Traite africaine.

Voici les noms des ministres plénipotentiaires qui assistèrent aux conférences de Londres :

Pour la	Grande-Bretagne,	Lord Castelreagh.
»	France,	le comte de Caraman.
»	Russie,	Liéven.
»	Prusse,	le baron de Humboldt.
»	Autriche,	le prince Esterhazy.

Aux précédents vint se joindre, *sur invitation verbale*, au nom du Portugal, le comte de Palmella.

Aux conférences d'Aix-la-Chapelle sont désignés les plénipotentiaires suivants : Metternich, Richelieu, Castelreagh, Bernstort, Nesselrode, Capo d'Istria.

Dans le protocole 9, le nom de Wellington est ajouté aux noms ci-dessus.

Dans le même protocole, mémorandum A, les propositions de la Grande-Bretagne sont décrites dans l'ordre suivant :

1° *Droit de visite.*

Aucune des trois conventions signées par la Grande-Bretagne avec l'Espagne, le Portugal et la Hollande (cette dernière puissance n'est plus nommée dans la suite que les Pays-Bas) n'accorde le droit de visite aux vaisseaux du roi indistinctement. Il n'est donné qu'aux seuls vaisseaux royaux possédant les instructions expresses et l'autorité spécifiées dans le traité.

Le droit, dans tous les cas, est réciproque ; mais le traité avec les Pays-Bas restreint l'exercice du droit à un certain nombre de vaisseaux de chaque puissance, douze en tout. Dès que chacune des puissances délivre lesdites instructions à un de ses vaisseaux de guerre, elle doit notifier aux autres le nom de ce vaisseau.

2° *Droit de capture.*

Nulle visite, nulle capture ne peut être faite sinon par un officier commissionné, muni des instructions susdites ; cet officier ne peut capturer et conduire dans un port aucun vaisseau que sur le seul et simple fait d'avoir trouvé à bord des esclaves.

Une clause conservatrice distingue les esclaves domestiques, servant comme valets ou comme matelots, des esclaves strictement victimes de la Traite.

Les puissances s'engagent mutuellement à rendre l'officier personnellement responsable d'un excès abusif d'autorité, indépendamment de l'indemnité pécuniaire qui sera payée, comme il est dit ci-après, à l'armateur dont le navire aura été indûment capturé.

3° *Adjudication.*

La juridiction de la Commission mixte *n'a pas un caractère criminel* ; en conséquence, elle ne peut ni *emprisonner* ni *punir* les individus trouvés sur les vaisseaux capturés, pour aucun délit qu'ils auraient pu commettre contre les lois de leur pays respectif. L'autorité de la Commission mixte consiste uniquement à décider sommairement si le vaisseau a été justement capturé, parce qu'il avait illicitement des nègres à bord. Si la décision est affirmative, le navire et la cargaison (s'il s'en trouve à bord) sont saisis comme contrebande, le produit de la vente est également partagé entre les deux États, et l'État sur le territoire duquel la condamnation est prononcée prend soin des esclaves.

La commission mixte se compose d'un juge commissaire et d'un juge arbitre par nation, ainsi que le déterminait la Convention signée entre la Grande-Bretagne et la France, en 1815, et relative à l'adjudication des réclamations particulières.

4° *Sphère d'opérations.*

(Ceci n'est qu'un extrait partiel, le commentaire étant d'une excessive longueur).

Ce chapitre commence ainsi :

A ce chef, il ne semble pas nécessaire d'ajouter d'autres restrictions que celles indiquées par la convention conclue avec les Pays-Bas ; mais la négociation est toujours ouverte. La même observation s'applique au second chef.

Le quatrième chef semble très-susceptible de commentaire. Il admet, en effet, la possibilité de visiter, sur toute la surface de l'Atlantique et dans les Indes occi-

dentales, là où les bâtiments des diverses nations commerciales sont plus nombreux que sur la côte d'Afrique. Mais malgré tout ce que la Grande-Bretagne a fait
dans ces conventions avec les trois puissances avec lesquelles elle a traité, malgré
ce qu'elle est encore disposée à faire avec toutes les autres nations civilisées, c'est-
à-dire s'exposer à quelques inconvénients pour atteindre le noble but qu'elle se
propose, il y a une distinction *raisonnable* à établir entre l'application de ce système
sur la côte d'Afrique et jusqu'à une certaine distance, soit 200 lieues, de ladite
côte, et sa mise en action sur l'Atlantique tout entier et dans les mers des Indes
occidentales.

La Grande-Bretagne a adopté cette dernière mesure comme étant la plus efficace,
quels que soient les inconvénients attachés à son exécution ; mais elle n'en serait
pas moins disposée à débattre l'application plus restreinte du principe.

Le soussigné, transcripteur des présents extraits, se trouve involontairement
porté à demander aux ministres successeurs de celui qui, le premier, conseilla à
son Souverain de rejeter le traité américain, en vertu de quel principe on contesta
au sénat des États-Unis le droit que, conformément à la Constitution, il avait de limiter les opérations de ce traité à l'*Afrique* et aux *Indes occidentales*, deux pays avec
lesquels les États-Unis entretiennent un commerce très-actif et pur de toute immix-
tion à la traite africaine? Le ministre qui refusa à ce corps cet exercice *raisonnable*
de son pouvoir constitutionnel n'est malheureusement plus de ce monde et
ne peut, par conséquent, répondre en personne à la question qui vient d'être
posée.

Voici le commentaire relatif au 4° chef :
« Il faut reconnaître que tant que *les lois d'une nation quelconque* permettront
la traite des esclaves, ou qu'il y *aura dans l'univers un pavillon* qui ne sera pas
compris dans la police navale relative à ce commerce de contrebande, le mal con-
tinuera toujours à subsister. »

Les plénipotentiaires anglais ajoutent :
« Tant qu'une des grandes puissances, comme la France, faisant un commerce
très-étendu sur les côtes, refusera d'adopter le système, non-seulement cet exemple
découragera les États dont l'intérêt bien entendu exige qu'ils entrent dans la Con-
fédération, mais encore cette non-adhésion fournira au négrier un pavillon qui,
bien que peu respectable par lui-même, sera si bien considéré comme tel sur la
côte où on peut le supposer engagé dans un trafic innocent, qu'aucun officier commissionné n'osera se permettre de visiter ce bâtiment, dans la crainte d'*engager
lui-même et son gouvernement dans une question délicate avec un gouvernement
étranger.*

« L'effet pratique aussi bien que moral, résultant de l'entente cordiale des prin-
cipales puissances maritimes sur ce sujet, est incalculable. Il est évident, en effet,

qu'à défaut de cette entente leurs pavillons serviront réciproquement d'instrument
pour dérober le coupable à la justice du Souverain.

« L'adhésion de la France est *surtout* importante à cause de sa position en Europe
et de ses possessions en Afrique. »

A cet énergique appel, le duc de Richelieu fit la réponse décisive suivante :

« Trois puissances ont adhéré à ces propositions, l'Espagne, le Portugal et les
Pays-Bas. Le Gouvernement de Sa Majesté très-chrétienne serait tout disposé à
suivre cet exemple, s'il ne voyait pas, dans les moyens indiqués pour atteindre
l'objet en vue, des dangers inhérents peut-être à sa position particulière, mais qu'il
est de son devoir de prévenir.

« Il serait inutile » continue le duc, « de discuter ici la *question de visiter en mer,
en temps de paix.*

« Le Gouvernement anglais a rendu hommage au principe qui assure, sous ce
point de vue, l'*indépendance de tous les pavillons* ; et ce n'est que pour limiter
l'application de ce principe, et non pour en nier l'existence, qu'elle propose d'accorder à chaque puissance la faculté de visiter les bâtiments naviguant sous le pavillon
d'autres puissances et de s'assurer de la légalité du commerce dans lequel ils sont
engagés.

« Mais, sur ce premier point, le Gouvernement de Sa Majesté très-chrétienne
trouve qu'*un obstacle invincible s'oppose aux propositions de l'Angleterre.*

« Par suite des malheurs et des revers qu'elle a tout récemment éprouvés et qui
ont, non pas effacé, mais obscurci sa vieille gloire, la France doit être plus jalouse
de sa dignité que si la fortune ne l'avait pas trahie.

« Sans aucun doute, une concession accompagnée des restrictions nécessaires et
stipulant une réciprocité qui sauvegarderait la dignité de chacune des parties contractantes, pourrait être proposée sans que l'une ou l'autre s'en trouvât froissée ;
mais ce serait toujours une concession, et l'opinion d'une nation, habituée à juger
les actes de son Gouvernement sous l'influence d'une vive imagination, se trouverait
alarmée de voir abandonner, même avec toutes les modifications possibles, ce
qu'elle regarde comme un de ses droits les plus précieux. Elle croirait que l'hon-
neur de son pavillon est compromis, point de la plus grande délicatesse et sur
lequel elle a toujours montré la plus grande susceptibilité.

« Elle verrait, dans l'abandon de ce droit, un sacrifice nouveau attaché, pour
ainsi dire, comme condition indispensable à l'évacuation de son territoire, et un
monument de l'état de dépendance dans lequel elle s'est trouvée momentanément
placée. On ne peut nier qu'il existe entre les peuples de la Grande-Bretagne et de
la France un sentiment de rivalité, intimement lié avec l'estime qu'ils ont l'un
pour l'autre, lequel sentiment, surexcité par de nombreuses et tristes circonstances,
a souvent pris le caractère de l'animosité. Il est malheureusement trop probable

que l'exercice mutuel du droit de visite en mer donnerait plus d'aigreur encore à ce sentiment.

« Quelques précautions que l'on prenne, quelque doucement qu'on l'exerce, la visite doit nécessairement être une source de dégoût et de vexation. On doit penser que le bâtiment qui croira pouvoir s'esquiver cherchera à le faire par tout moyen. Le vaisseau visiteur devra donc user de force. La résistance est possible — et les conventions les plus prudentes deviennent illusoires.

« Ces inconvénients, qu'il serait imprudent de perdre de vue, reçoivent une importance plus grande de la probabilité qu'ils donneront naissance à une mutuelle exaspération, et l'on sait trop qu'un tel sentiment chez le peuple a souvent troublé la paix du monde. »

Les plénipotentiaires anglais n'essayant plus alors de soutenir le *droit de visite*, se servirent, pendant toutes les conférences, d'un autre terme, le *droit de recherche*, lequel n'étant, dans aucun cas, substitué au premier, donne la preuve irréfragable de la signification équivalente de ces deux expressions. Dans leur commentaire sur l'objection faite par la Russie à leurs propositions, parmi bien d'autres preuves, on trouve les phrases concluantes qui suivent et qui sont extraites du paragraphe 3 du n° 14, intitulé « Mémorandum B » des documents déjà cités :

« Le *droit de visite*, dit le plénipotentiaire anglais, est connu et subi *par toutes les nations en temps de guerre*. Les parties *belligérantes* ont le droit de visiter les *neutres* et même de s'en saisir, le cas échéant. » Et, avant de discuter la réponse de la France, ils ajoutent : « Cinquièmement, pour mieux distinguer ce système du *droit de visite* ordinaire, que tout *belligérant* a le droit d'exercer *en temps de guerre*, on propose de limiter son opération aux *côtes d'Afrique* et *à une certaine distance desdites côtes*. »

Comparez ce langage à celui tenu par lord Palmerston, dans une lettre écrite le 27 août 1841, en réponse aux plaintes du Gouvernement américain relativement aux abus résultant de l'exercice du droit de visite, abus que le duc de Richelieu avait prédit devoir résulter de sa concession *par traité*, en 1818.

« Qu'en résulterait-il, dit le noble lord, si un vaisseau engagé dans la traite pouvait se sauver seulement en hissant le pavillon américain ? Certes, il est évident que, dans ce cas, un pirate négrier, de quelque nation qu'il soit, espagnol, portugais, brésilien, anglais ou français, naviguerait immédiatement sous les couleurs américaines; alors tous les traités conclus avec les puissances chrétiennes pour la suppression de la traite ne seraient plus qu'une lettre morte, et cet infâme trafic acquerrait dès lors une impunité complète. »

Mais ces traités n'existaient-ils pas en 1817, alors que les plénipotentiaires anglais soupçonnaient le résultat de leur système relatif à l'abolition de la traite ? N'avait-on pas prévu ce résultat lorsque le traité avec les Etats-Unis, pour l'échange du droit actuellement usurpé, fut rejeté, non parce qu'il restreignait le droit à une distance limitée de la côte d'Afrique, ce qui aurait contenté lord Castlereagh et le duc de Wellington, car le traité embrassait toutes les Indes occidentales ; mais parce qu'il n'ouvrait pas à une sorte de blocus vexatoire la côte entière des États-Unis baignée par l'Atlantique et, par le fait, leur commerce intérieur et extérieur avec l'univers, commerce qui occupe actuellement 40,500 navires avec un tonnage 5,661,416 tonneaux, soit 618,000 tonneaux de plus que la Grande-Bretagne et ses colonies.

« Le Gouvernement de Sa Majesté, » continue Sa Seigneurie, « est persuadé que le Gouvernement des Etats-Unis ne peut maintenir une doctrine qui conduirait nécessairement à des conséquences monstrueuses ; mais le soussigné croit qu'il est de son devoir de déclarer franchement que le Gouvernement anglais *ne pourrait et ne voudrait jamais accepter cette doctrine.* Les croiseurs du Gouvernement de Sa Majesté, employés à la suppression de la traite, sont tenus de *s'assurer, par l'inspection des papiers du bord,* de la nationalité des navires qu'ils rencontrent dans des circonstances qui justifient le soupçon que ces navires sont engagés dans la traite, afin que si ces vaisseaux sont reconnus *appartenir à un pays* qui a accordé à la Grande-Bretagne le droit mutuel de recherche, ils puissent être visités ; et que, *s'ils sont reconnus appartenir à un pays* qui, comme les Etats-Unis, n'a pas accordé le droit de recherche, ils soient, sans examen, laissés libres de consommer leurs criminelles intentions. Le Gouvernement de Sa Majesté est convaincu que le Gouvernement des Etats-Unis *comprendra la nécessité de cette manière d'agir.* »

Il ne le comprenait pas, certes, en 1818, le Gouvernement, qui croyait que, pour le succès des efforts qu'il faisait pour abolir la traite, il était *indispensable d'obtenir par la négociation* un concours universel dans l'échange d'un droit de visite mutuel défini et limité.

Une autre phrase seule peut entrer en parallèle avec le dernier extrait de cette lettre. C'est celle-ci : « Car quoique, *à proprement parler,* le *mot pavillon* serve *à indiquer la nationalité,* et que, conformément à l'acception de ce mot, le Gouvernement de Sa Majesté admette que les croiseurs anglais n'ont pas le droit, en temps de paix, de *rechercher les bâtiments marchands* naviguant sous pavillon américain ; cependant, le Gouvernement de Sa Majesté ne veut pas dire par là qu'un vaisseau marchand peut s'exempter *de la recherche rien qu'en hissant un morceau d'étamine portant les emblèmes et les couleurs des Etats-Unis.* »

Dans un langage plus courtois, mais également inapplicable à la question traitée par les conférences anglaises, le comte d'Aberdeen, dans une lettre adressée au ministre américain, le 13 octobre 1841, après avoir assuré « qu'il regretterait profondément toute expression acerbe, capable d'aggraver les difficultés d'un sujet qui, en tout temps, n'est que trop susceptible de produire de l'irritation, » ajoute que « l'heureux concours actuel de tous les États de la chrétienté dans cette grande œuvre (la condamnation de la traite), non seulement *justifie*, mais encore *rend indispensable* le droit réclamé et exercé par la Grande-Bretagne. »

Il admet sans conteste que le droit de recherche et de visite des bâtiments américains en temps de paix, alors que le droit de recherche n'est pas accordé par traité, constituerait *une infraction de la loi publique* et une violation de la *dignité et de l'indépendance nationales* ; mais qu'un tel droit n'est pas réclamé. « Nous désirons sincèrement respecter les navires des États-Unis ; mais on comprend que nous voulions savoir ce que nous devons réellement respecter. »

Sans doute, le pavillon est, au premier coup d'œil, la preuve de la nationalité du vaisseau ; et si cette preuve était *concluante par sa nature et irréfragable*, elle suffit pour défendre toute recherche ultérieure. Mais il est suffisamment notoire que les pavillons de toutes les nations sont susceptibles d'être arborés par ceux qui n'ont pas le droit de s'en couvrir. En réponse à la décision de la haute cour d'amirauté, rendue publique par lord Stowell (mieux connu sous le nom de sir William Scott), sa Seigneurie affirme, qu'à cette époque, la Grande-Bretagne n'avait aucune raison pour supposer que toutes les nations civilisées regardaient la traite comme un acte criminel, ni qu'elles avaient uni leurs efforts pour les supprimer.

Cependant, l'opinion de sir W. Scott était contemporaine de la déclaration faite à Vienne, que la traite était l'opprobre de la chrétienté, et de ces conférences mêmes dans lesquelles le duc de Wellington et lord Castlereagh abandonnaient, au nom de leur propre Gouvernement, le droit que réclamaient, en 1841, lord Palmerston et lord Aberdeen, quoiqu'ils l'exerçassent depuis longtemps, au grand ennui du commerce loyal des États-Unis sur la côte d'Afrique, et qu'ils pouvaient exercer ailleurs avec la même justice.

Le rapport d'un comité de la Chambre des représentants, rapport qui donna naissance au traité de 1824, relatif à l'échange du droit de recherche, était, en effet, accompagnée de l'opinion de lord Stowell citée presque *in extenso* ; et l'auteur du présent Mémoire, grâce à la part qu'il a prise à la confection de ce rapport, est autorisé à dire qu'en recommandant l'échange, les membres dudit comité l'appuyaient sur l'opinion de ce célèbre jurisconsulte aussi remarquable par la lucidité de son style que par la vigueur et la netteté de sa dialectique. Lord Stowell semble avoir prévu l'argument soulevé par le noble comte et par lord Palmerston pour justifier l'exercice du droit de recherche ; car il dit dans le cas du « Louis » : « Rien ne permet *d'interrompre dans les hautes mers la navigation des États en paix*, si ce n'est les droits que donne la guerre aux belligérants contre les neutres. »

D'un autre côté, il dit : « Si le droit de visite, en temps de paix, n'est pas admis, il deviendra très-difficile de supprimer la traite des esclaves ; » et il ajoute avec emphase que « si le droit est *ainsi exercé*, il doit l'être *par traité*, car rien n'autorise une nation à prendre des droits qui ne lui appartiennent pas, même quand elle a l'intention d'exercer ces droits dans de louables desseins. »

— 19 —

Extrait d'une lettre de M. Sheldon, chargé d'affaires des États-Unis, à Paris, à M. John Quincy Adams, ministre des affaires étrangères, et datée de Paris, 16 octobre 1823.

« J'ai fait connaître à M. de Châteaubriand la résolution de la Chambre des représentants relative à la traite des esclaves et qui faisait le sujet de votre dépêche du 11 août 1823.

« Il m'a répété en substance ce qu'il m'avait déjà dit en conversation, savoir : que le Gouvernement français désirait sincèrement mettre fin à ce trafic, et prenait toutes les mesures en son pouvoir pour arriver à ce résultat, en poursuivant les négriers et en exécutant avec rigueur les lois actuellement en force ; mais que, en France, et plus spécialement aux Chambres, l'opinion publique s'était élevée contre ce fait, non pas seulement à cause des intérêts coloniaux mis en jeu par la question, mais principalement à cause des circonstances qui ont présidé à la conclusion des stipulations avec la Grande-Bretagne ; qu'on y est si susceptible, sous ce point de vue, que la proposition d'ajouter aux lois existantes de nouvelles rigueurs serait considérée comme une nouvelle concession à l'Angleterre ; et, loin d'être adoptée par les Chambres, elle y provoquerait probablement une motion pour le rappel des mêmes prohibitions déjà établies, dans le but de se débarrasser ainsi d'une charge imposée par l'occupation étrangère ; qu'il fallait laisser au temps le soin d'effacer ces impressions et que jusqu'à ce moment, aucun ministre, en France, ne serait assez fort, sur ce point, pour faire autre chose que veiller à l'exécution des lois déjà en vigueur, ce que les ministres actuels étaient disposés à faire pleinement et fidèlement ; et que, si ces lois n'étaient pas d'une efficacité absolue, elles rendraient du moins hasardeuse et difficile la poursuite de la traite sous pavillon français.

« Quant à présent, donc, il n'est pas probable que la France adhérera à la proposition du Président de prendre part aux négociations stipulées dans la résolution de la Chambre des représentants. »

Les objections de M. de Châteaubriand, dévoilées dans la lettre de M. Sheldon à M. Adams, ne sont, à peu de chose près, que la répétition de celles du duc de Richelieu à la proposition de la Grande-Bretagne, à Aix-la-Chapelle, à une époque très-différente ; les objections sont faites contre des ouvertures différentes de celles de la Grande-Bretagne, venant d'un pays en paix avec la France depuis plus de vingt-trois ans et qui, par conséquent, devait échapper au sentiment qui avait accueilli celles de la Grande-Bretagne. La proposition de l'Angleterre ressemblait à celle des États-Unis en ceci seulement que tous deux avaient en vue le même objet, l'abolition d'un trafic infâme, que la France n'avait aucun intérêt à maintenir, et aboli par l'Empereur Napoléon Ier.

Mais si de semblables objections contre la proposition américaine relative à l'abolition de la traite pouvaient naître dans l'esprit de M. de Châteaubriand, en 1823, peut-il en être de même en ce moment où la France, par la grâce des circonstances, se trouve placée à la tête de l'Europe par sa puissance et sa prospérité ? Une révolution semblable n'entraîne-t-elle pas avec elle l'obligation de détruire le souvenir des arguments du duc de Richelieu et de M. de Châteaubriand ?

Les extraits ci-dessus ont été fidèlement recueillis sur des documents publiés depuis longtemps par

C.-F. MERCER,

Au nom de la Société américaine de colonisation.

Paris, 1er décembre 1855.

Paris, imprimerie de Paul Dupont, rue de Grenelle-Saint-Honoré, 45.